AF613791

LE CERCLE,

OU

LA SOIRÉE A LA MODE,

COMÉDIE ÉPISODIQUE

En un Acte & en Prose,

Par M. POINSINET, de l'Académie des Arcades de Rome,

Représentée pour la premiere fois par les Comédiens Français ordinaires du Roi, le 7 Septembre 1764.

Amavit risus, nunc mores pingere tentat.

A PARIS,

Chez DUCHESNE, Libraire, rue Saint-Jacques, au-dessous de la Fontaine St. Benoît, au Temple du Goût.

M. DCC. LXIV.

Avec Approbation & Privilege du Roi.

c

A Monsieur

PAPILLON DE LA FERTÉ,

Intendant, contrôleur général de l'Argenterie, Menus Plaisirs et affaires de la Chambre du Roi.

Monsieur,

L'hommage de cette petite Comédie vous est dû; les applaudissements dont elle a été suivie, m'ont étonné moi-même autant que mes ennemis. Je cherche moins, en vous la présentant, à demander de nouvelles bontés, qu'à vous donner un témoignage de ma reconnaissance pour les anciennes. N'attendez pas de moi ces louanges que l'intérêt prodigue à l'orgueil. Votre mérite, chéri de tous les Gens de Lettres, va devenir précieux à la nation entière, quand elle apprendra que, sous les yeux toujours ouverts de Messieurs les premiers Gentilshommes de la Chambre, votre travail et vos soins ont donné à nos Théatres une forme, une consistance, qui nous avoit été jusqu'alors inconnue : vous avez banni les abus, et pesant dans une juste balance les intérêts du Public, ceux des Gens à talents, vous avez établi un ordre d'où résulte la satisfaction de l'un et la gloire des autres. Vous protégez les Arts par état, vous les suivez par goût, vous les culti-

vez vous-même, vous les animez encore par l'attrait des récompenses ; et la justice que je vous rends ici est, pour un homme qui pense, le plus flatteur des éloges. Puissé-je, par de nouveaux succès, mériter de consacrer plus particulièrement mes foibles talents aux plaisirs de notre auguste Monarque ! Alors, soumis à vos conseils, et suffisamment récompensé de mon travail par la gloire d'en avoir été chargé, je n'en desirerai près de vous d'autre prix que votre amitié, et la permission de vous assurer de l'inviolable attachement avec lequel je suis,

MONSIEUR,

Votre très humble et très obéissant serviteur

POINSINET.

PERSONNAGES	*ACTEURS*	
	1764	1887
ARAMINTE, veuve d'un Financier.	Mme PRÉVILLE.	Mlle PIERSON.
CIDALISE, } Ses amies.	Mlle D'ÉPINAY.	Mlle FRÉMAUX.
ISMÈNE, }	Mlle D'HUS.	Mlle DU MINIL.
LUCILE, fille d'Araminte	Mlle DOLIGNY.	Mlle DURAND.
LISETTE, sa femme de chambre. .	Mme BELLECOURT	Mlle KALB.
LISIDOR.	M. D'AUBERVAL.	M. BOUCHER.
LE MARQUIS, jeune Colonel. . . .	M. MOLÉ.	M. PRUDHON.
LE BARON, ancien militaire.	M. DE BONNEVAL.	M. GARRAUD.
UN MÉDECIN.	M. PRÉVILLE.	M. DE FÉRAUDY.
UN ABBÉ.	M. AUGER.	M. G. BEER.
DAMON, bel esprit.	M. BOURET.	M. TRUFFIER.

La Scène est à Paris
dans la maison de Madame Araminte.

LE CERCLE

OU

LA SOIRÉE A LA MODE

Le théâtre représente un Salon de Compagnie, où se trouvent des Sièges, un Canapé, un Métier de Tapisserie, des Tables de Jeu, des Livres de Musique, une Guitare, etc.

SCÈNE PREMIÈRE

LISETTE, LISIDOR

(Ils entrent de différents côtés.)

LISETTE.

Ah! c'est vous, Monsieur! Quoique nous vous desirions sans cesse, nous ne vous attendions pas si tôt.

LISIDOR.

Mon empressement t'étonnera moins, quand le motif t'en sera connu. Je viens de recevoir quelques nouvelles qui m'affligent, et je voulois avoir, à l'issue de son dîner, une conversation avec l'aimable Lucile. (Il tire sa montre.) Le repas me paroît aujourd'hui plus long qu'à l'ordinaire.

LISETTE.

Ce n'est pas que Madame Araminte s'amuse à table : depuis que je la connois, j'ai toujours remarqué que ce n'est jamais où elle est qu'elle se desire ; mais nous avons compagnie.

LISIDOR, tirant une bague de son doigt.

En attendant que l'une ou l'autre de ces Dames soit visible... te pourrai-je consulter sur ce bijou ?

LISETTE, prenant la bague.

Comment ! c'est la plus jolie bague...

LISIDOR.

C'est un léger cadeau que j'ai dessein de faire.

LISETTE.

Il sera très-galant.

LISIDOR.

Mais à une condition : c'est que la personne à qui je le destine ne m'en remerciera pas.

LISETTE.

Elle seroit bien ingrate !

LISIDOR, finement.

J'espere cependant que tu ne le seras point, Lisette.

LISETTE.

Oh ! pour le coup, Monsieur, vous étonnez jusqu'à ma reconnaissance. Que vous êtes charmant ! vous joignez au mérite de donner, le mérite, plus rare encore, de savoir donner avec grace. Aussi, qui ne s'intéresseroit à vous ? Si Lucile pouvoit disposer d'elle-même, je vous suis caution que le Marquis, malgré son élégance et ses talons rouges, ne remettroit jamais les pieds dans la maison.

LISIDOR.

Mais tu sais quels étoient avec moi les engagemens de Madame Araminte. Seroit-elle femme à les oublier? Dois-je le craindre? Toi, qui la sers depuis longtemps, Lisette, instruis-moi plus à fond de son caractere; indique-moi, de grace, quels seroient les moyens les plus assurés de lui plaire.

LISETTE.

Des deux choses que vous me demandez, je ferai facilement l'une, parce qu'elle vous intéresse et me contente. Nous autres domestiques, dont le ridicule devoir est d'écouter sans cesse, et de ne parler jamais, nous avons tant de pénétration à découvrir les défauts de nos Maîtres, tant de plaisir à les divulguer ! tenez, cela nous console, nous soulage ; et il semble que cette petite médisance, qui, dans le fond, est bien innocente, allege de temps en temps le poids de l'obéissance, et rapproche l'intervalle qui les sépare d'avec nous. Je vous dirai donc bien sincèrement ce que je pense d'Araminte ; mais pour vous indiquer les moyens de lui plaire, dispensez-m'en, je vous en prie ; elle n'y réussiroit pas elle-même. Sait-elle jamais ce qu'elle pense, ce qu'elle desire, ce qu'elle veut ? Veuve depuis deux ans d'un fort galant homme, mais que ses occupations dans la haute finance empêchoient de veiller un peu soigneusement aux ridicules naissans de son épouse, elle a choisi dès lors pour son idole cette liberté extrême, qui, dans l'esprit d'une jolie femme, finit toujours par rendre pénible l'exercice de la vertu. Tour à tour coquette et sensible, incertaine et bizarre, toujours le cœur vuide, l'esprit jamais oisif, nous avons successivement aimé la Musique et les petits Chiens, les Magots et les Mathématiques. Notre conduite est le résultat des sentimens de la Société qui nous environne ; et jeunes encore, aimables et riches, nous travaillons moins à jouir de la vie, qu'à nous étourdir sur notre propre existence.

LISIDOR.

Tu ne prends pas garde, Lisette, que ce portrait est à-peu-près celui de toutes les femmes de son état : si demain la fortune t'en faisoit changer, il deviendroit le tien...

LISETTE.

Peut-être ; mais il n'en seroit pas moins ridicule. Vraiment, le cœur me dit bien tout bas qu'il n'est pas trop dans les regles du respect de juger ainsi sa maîtresse ; mais, ma foi, s'il y a du mal à le penser, il y a bien du plaisir à le dire, et l'un va pour l'autre.

LISIDOR.

Par ce que je viens d'apprendre d'Araminte, il ne m'est pas difficile de soupçonner quel peut être à ses yeux le mérite de mon nouveau rival.

LISETTE.

Votre rival? fi donc! il faudroit, pour qu'il le fût, qu'il eût au moins l'espoir de plaire; mais ne le craignez pas: Lucile, élevée en province sous les yeux d'une tante respectable, ne connoît que les douces impressions de la nature et de son cœur. Tout charmant, tout extraordinaire que le Marquis voudroit bien nous paroître, elle sait apprécier son mérite, et s'apperçoit, aussi bien que moi, tous les jours, que l'histoire de ses valets, le prix de ses chevaux, le dessein de sa voiture, quelques saillies, de la mauvaise foi, de l'impertinence et des dettes; voilà de cet homme si merveilleux quels sont, en quatre mots, la conversation, les vertus et les vices.

LISIDOR.

Un tel concurrent ne devroit pas être redoutable. Ta vivacité m'enchante; mais ne crains-tu pas, Lisette, de me faire un peu, au dépens de ton cœur, les honneurs de ton esprit?

LISETTE.

Eh bien! que penserez-vous de moi? Que je suis trop sincere? je vous l'avoue, et tout est dit : aussi pourquoi ont-ils des ridicules? S'ils les cachoient mieux, je n'en rirois pas. On n'est indulgent que pour les personnes que l'on chérit; et il est bien difficile d'aimer des gens qui n'aiment rien eux-mêmes. Ah! qu'il me seroit aisé de m'égayer encore aux dépens de la société d'Araminte! Je vous parlerois de Cidalise la prude, de la minaudière Ismene, qui ne peut dire un mot sans l'accompagner de la plus jolie petite grimace...

LISIDOR.

Mais ta Maitresse ne verroit-elle plus cet homme sensé, cet ancien Militaire?

LISETTE.

Qui? ce Baron Philosophe, qui dit tout ce qu'il pense et se permet de tout penser? Si fait vraiment. C'est le Tuteur de Lucile; nous lui avons cru pendant quelque temps des vues sur Madame; mais tout cela est fini, il ne vient ici que rarement, ou plutôt il n'y vient jamais qu'il n'y soit conduit par quelque affaire.

LISIDOR.

Je n'ai rien négligé pour le connoître; mais malheureusement il vit sans cesse à la campagne : mon état m'enchaîne à Paris.

LISETTE.

Vraiment, il conserve toujours le plus grand crédit sur l'esprit d'Araminte; et s'il vouloit... Mais quelqu'un vient, c'est ma jeune Maitresse; son petit cœur lui aura dit que je n'étais pas ici toute seule.

SCÈNE II

LISETTE, LUCILE, LISIDOR

LUCILE, *d'un ton naïf.*

Ah! vous voilà, Monsieur?

LISIDOR.

Quelles que soient mes occupations, belle Lucile, mes sentimens pour vous se justifient par ma conduite. Je consacre à vous attendre tous les momens où je suis privé de vous voir.

LUCILE.

Je ne m'étonne plus si la fin du dîner m'a tant ennuyée.

LISIDOR.

Que cet aveu m'enchante! Ce qui ne seroit qu'un trait ingénieux de la part d'une Coquette, devient un sentiment dans votre bouche.

LUCILE.

Gardez-vous d'en tirer avantage, je ne sais plus ce que je vous ai dit; je suis si troublée! ma mère m'a tant grondée!

LISIDOR.

Et pourquoi?

LUCILE.

Figurez-vous qu'elle n'a presque point dîné, parce qu'elle se dit malade. Moi, j'ai cru lui faire ma cour en l'assurant qu'elle n'avoit jamais eu le teint meilleur; et point du tout, je l'ai mise d'une humeur affreuse.

LISETTE.

Vraiment! c'est que vous ignorez encore, Mademoiselle, que rien n'est moins décent dans le monde[1] que de jouir d'une santé parfaite : à quelque prix que ce soit, on veut inspirer un sentiment. Une jolie Malade se fait plaindre; et pour la coquetterie, la petite santé est une ressource.

1. C'est le texte du manuscrit. L'édition première dit « le grand monde. »

LUCILE.

Ah! je te promets que, si j'eusse bien connu ce monde et ses travers, je n'aurois pas tant desiré de quitter la Province.

LISIDOR.

Que vous me chagrinez! Ainsi vous haïssez des lieux, belle Lucile, où je puis chaque jour, et vous voir, et vous jurer que je vous aime?

LUCILE.

Vraiment non... Je sais bien que ce n'est pas votre faute. Je ne dois pas vous aimer: mais je puis, je crois, vous avouer que de toutes les personnes qui viennent ici, vous êtes le seul dont la conversation me soit chere.

LISIDOR.

Et vous me permettez encore de voir votre douleur, sur la résolution que, malgré ses promesses, votre mère a prise de vous unir avec le Marquis.

LUCILE.

Voilà ce qui me désespere.

LISIDOR.

Vous... ne l'aimez pas?

LUCILE.

Je ne le puis souffrir... Si cependant on me l'ordonne...

LISIDOR.

Je vous entends, je sais que l'obéissance est un devoir; mais ce devoir a ses bornes.

LUCILE.

Vous me le répétez sans cesse, et d'après vos discours et mes livres, je suis quelquefois bien tentée de croire qu'une obéissance aveugle tient un peu du préjugé; mais quand la réflexion me ramène à moi-même, ce que je crois plus fermement encore, c'est que l'exacte observation des bienséances est un des premiers devoirs de mon sexe, et qu'entre le vice et la vertu, il n'y a souvent qu'un préjugé de différence.

LISIDOR.

Que vous êtes charmante! et qu'il est rare et beau d'unir tant de raison à tant de graces! Eh bien ! ne parlons plus de désobéissance; mais par quelque résistance au moins tâchons d'obtenir du temps. Si je connois bien Madame Araminte, le Marquis, d'un jour à l'autre, peut lui déplaire; l'inconséquence et la légéreté sont le caractère distinctif des gens à la mode, et mon heureux Rival peut en un instant perdre tout le crédit que je ne sais quel heureux hasard lui a fait si vite acquérir.

LISETTE, prenant le milieu du Théâtre.

Oh! ceci me regarde; c'est une petite anecdote que je possède et qu'il est bon de vous conter. Or, écoutez. Notre Maitresse et ses deux inséparables, vous reconnaissez bien Ismene et Cidalise, ennuyées d'un Tri et ne sachant sur quoi médire, s'avisèrent de s'occuper. Araminte à ce métier achève une fleur de tapisserie; Cidalise prend nonchalamment un fil d'or, fait approcher de son fauteuil un tambour et brode en bâillant une garniture de robe, tandis qu'Ismene, couchée sur le canapé, travaille un falbala de Marly. On entend des chevaux hennir, l'escalier retentir; un Laquais annonce, et le Marquis paroît. « Que je suis heureux de vous trouver, Mes- « dames! mais que vois-je? Que ce point est égal! « Comme ces fleurs sont nuancées! C'est l'ouvrage « des Graces, c'est celui des Fées, ou plutôt c'est le « vôtre. » Aussi-tôt il tire de sa poche un étui, dont assurément on ne le soupçonnoit pas d'être porteur; il y choisit une aiguille d'or, s'empare de la soie, et voilà mon Colonel qui fait de la tapisserie. On le considere, on l'admire; mais ce n'est rien encore : il quitte Araminte et son ouvrage, il court à Cidalise, lui dérobe le tambour, et déjà sa main légere achève le contour de la fleur à peine commencée. Ismene, la minaudière Ismene, laisse alors tomber un regard, et ce regard veut dire : *Serai-je la seule délaissée, mon ouvrage est-il indigne de vos soins? Non, Madame, non certainement,* reprend l'impétueux Marquis. Il s'élance sur le canapé, saisit un bout du falbala, et accélere d'autant plus son ouvrage, qu'il est plus jaloux d'être auprès de l'aimable Ismene. Peignez-vous la surprise, l'extase de nos trois femmes; le Marquis tire sa montre, suppose un rendez-vous et les quitte : mais que le frippon savoit bien avoir gravé dans leurs cœurs la plus profonde idée de son mérite! C'est un homme unique, essentiel; un Colonel qui brode, qui fait de la tapisserie! il est charmant, il faut se l'attacher; mais, comment? Lucile est fille, eh bien! qu'il soit son époux. Le desirer, le dire et le vouloir, c'est l'ouvrage d'un moment; Araminte prononce, ses deux Compagnes approuvent; et c'est ainsi que des rares et précieux talens du Marquis, Mademoiselle devient en ce jour la récompense et la victime... Mais chut, taisons-nous, j'entends Madame, et je doute fort que nos petites réflexions lui conviennent.

SCÈNE III

LISETTE, LUCILE, ARAMINTE, LISIDOR

ARAMINTE.

En vérité, Lisette, vous êtes une fille bien étrange. (A Lisidor.) Bon jour, Monsieur. Que faites-vous ici, Lucile? Il me semble, quand j'ai du monde chez moi, qu'une fille aussi grande que vous doit être bonne au moins à faire les honneurs de ma maison.

LUCILE.

Ce n'est que par discrétion que je suis sortie.

ARAMINTE.

Taisez-vous, je m'apperçois assez, Mademoiselle, que mes plaisirs vous ennuyent; mais vous n'exigerez pas de moi, j'espere, que je m'accoutume aux vôtres.

LUCILE.

De grace, ma mère...

ARAMINTE.

Eh, je sais bien que je le suis. Rentrez; votre Maître à chanter vous attend. (Lucile sort.) Ils veulent absolument, Lisette, m'entraîner ce soir au spectacle. (A Lisidor.) Je crois, Monsieur, vous faire assez joliment ma cour.

LISIDOR.

A moi, Madame? Ce seul mot me pénétreroit de reconnaissance, si j'osois y trouver une explication.

ARAMINTE.

Voilà de grandes phrases. La Compagnie est dans le petit sallon; vous restez dans celui-ci, je veux bien ne pas m'appercevoir que c'est ma fille qui vous y retient; il me semble que cela est fort honnête. Au reste, vous me rendrez un vrai service; et si vous pouviez un peu redresser son esprit...

LISIDOR.

J'ai le malheur, Madame, d'être l'homme du monde le moins propre à cet emploi; et s'il m'étoit permis de souhaiter quelque chose à votre aimable fille, ce seroit de rester toujours la même.

ARAMINTE.

Oh! vos desirs seront parfaitement remplis : c'est dont je tremble... Que faites-vous donc là, Lisette? Ne vous ai-je pas dit que j'allois au Spectacle? Il est près de cinq heures. Vous ne songez point à ma toilette.

LISETTE.

Pardon, Madame, mais il y a quelquefois si loin de ce que vous dites à ce que vous faites.

ARAMINTE.

D'accord, mon enfant; mais aujourd'hui je ne puis disposer de moi-même; je te dis que l'on m'entraîne.
(Lisette sort.)

LISIDOR.

Je vous en félicite : vous allez, ainsi que tout Paris, admirer ce chef-d'œuvre que chérit plus particulièrement son Auteur[1] : vous mêlerez vos larmes à celles de Mérope.

ARAMINTE.

Moi, Monsieur? je m'en garderai bien. Ah! ne présumez pas me surprendre à vos lamentables Tragédies. Mais, fi donc! une femme ne sort de ce Spectacle que les yeux gros de larmes et le cœur de soupirs. J'ai vu même quelquefois qu'il m'en restoit sur le visage et dans l'ame une empreinte de tristesse que toute la vivacité du plus joli souper ne pouvoit éclaircir. Et qu'est-ce que tout cela, s'il vous plaît? un tintamarre d'incidens impossibles, des reconnoissances que l'on devine, des Princesses qui se passionnent si vertueusement pour des Héros, que l'on poignarde quand on n'en sait plus que faire, un assemblage de maximes que tout le monde sait et que personne ne croit; des injures contre les Grands, et par-ci par-là

1. J'ai eu l'honneur d'entendre répéter plusieurs fois par M. de Voltaire, que *Mérope* étoit la Tragédie qu'il préféroit. (*Note de Poinsinet.*)

quelques imprécations. En vérité cela vaut bien la peine d'avoir les yeux battus et le teint flétri.

LISIDOR.

Mais, Madame, il est des personnes....

ARAMINTE.

Eh! vive l'Opéra-Comique, Monsieur, vive l'Opéra-Comique! le Théâtre Italien est à mon gré le vrai Spectacle de la Nation; il n'intéresse point l'ame, il n'attache point l'esprit, il reveille, il anime, il égaie, il enlève.

LISIDOR.

J'ai peine à concevoir comment des Pièces en général aussi peu soignées....

ARAMINTE.

Mais ne donnez donc pas dans l'erreur commune; n'imaginez donc pas que ce soit le genre des Pièces qui nous y attire : est-ce qu'on y prend garde? Et non, Monsieur, c'est la Musique, c'est cette Musique brillante qu'il est du bon ton de trouver sublime; pour les Pièces, il y en a que j'ai vues dix fois, dont je serois fort embarrassée de vous dire le titre; et pour moi, je fais personnellement si peu de cas des paroles, que j'ai toujours chez moi un Poëte prêt à me parodier les airs qu'il me prend fantaisie de chanter.... A propos, on me conseille de vendre ma Terre en Champagne; vous la connaissez, nous en raisonnerons; je placerai cet argent sur ma tête et sur celle de ma fille : cela m'arrangera, ainsi que le Marquis, dont l'unique desir est d'augmenter son revenu.

LISIDOR.

Ainsi malgré l'espoir que vous m'avez permis, il est décidé que le Marquis ?....

ARAMINTE.

Oui, je lui donne Lucile.... Et vous ne devez pas m'en vouloir..... Je sais bien quelles étoient vos vues ; mais il y a dans ce dernier arrangement une sorte de convenance. Vous tenez à votre état ; il est triste, je le suis naturellement, et j'ai besoin d'un gendre qui m'égaie. Au reste, je ne réponds point des événemens.

LISIDOR.

Et moi, je compte sur eux, Madame ; aujourd'hui je cède à mon Rival, mais son triomphe pourroit avoir peu de durée. On le dit encore attaché au char d'une certaine Comtesse, que sans doute il vous sacrifie : je ne le soupçonne point d'oser jamais vous sacrifier vous-même. Il est pourtant vrai que dans le tourbillon qu'il habite, souvent les idées du matin sont contrariées par celles du soir.

ARAMINTE.

Je connois le cœur du Marquis.

LISIDOR.

Je le crois.

ARAMINTE.

Que me veux-tu, Lisette ?

SCÈNE IV

LISETTE, ARAMINTE, LISIDOR

LISETTE.

La Marquise Céliante....

ARAMINTE.

Cette petite précieuse! quoi! déjà des visites!

LISETTE.

Soyez tranquille, ce n'est que son Valet-de-chambre. Comme elle vient d'apprendre que vous allez ce soir au Spectacle, elle vous envoie demander si vous voulez lui donner une place, et venir la prendre.

ARAMINTE.

Comment! sérieusement, Céliante me demande?... Mais, en vérité, Lisette, voilà bien la proposition la plus étrange!

LISIDOR.

Vous ne la voyez plus?

ARAMINTE.

Quelquefois encore.

LISIDOR.

Eh bien!

ARAMINTE.

Rêvez-vous, mon cher Lisidor? Que je me charge de Céliante, que je la conduise au Spectacle! Mais, j'aimerois autant y mener ma fille. Vous ne la connoissez donc pas? C'est la plus maussade petite créature, d'une indolence, d'une langueur! Cela n'a pas vingt ans, et Madame affecte de ne se parer jamais; elle ne met ni diamants, ni rouge; elle semble dire: « Regardez-moi, je suis jolie, mais ces charmes-là « sont à moi, il n'y a point d'art, je n'en ai que faire; « la Nature a pourvu à tout »... Joignez à cela son impertinente manie de ne porter jamais que des ajustements jaunes, et de se placer toujours à côté de moi qui suis blonde.

LISIDOR.

J'ignorois ces motifs; mais seroient-ils assez puissants pour vous faire renoncer au plaisir que vous vous promettiez au Spectacle?

ARAMINTE.

Assurément. D'ailleurs, où Céliante vit-elle? A-t-on jamais vu quatre femmes d'un certain état se resserrer dans une loge et braver en public tous les hasards de la chaleur? Pour moi, je n'y tiendrois pas; et puis il faudroit au moins cinq ou six hommes pour nous conduire, et tout cela ressembleroit à un lendemain de noces. Allons, que ce tracas-là finisse. Que l'on dise à Céliante que j'ai... ma migraine, et que notre partie est remise. Je resterai chez moi, j'y verrai du monde. Faites savoir que je suis visible. (Lisette sort.) (A Lisidor.) Aussi-bien le Baron m'a-t-il écrit qu'il viendroit ce soir; s'il ne me trouvoit pas, il faudroit bouder des siecles. Mais qu'entends-je? Seroit-ce déjà lui ? Je vous garde au moins, Lisidor.

LISIDOR.

Je serai bien flatté de le connoître.

ARAMINTE.

Ne m'abandonnez pas, je vous en prie, à tout l'ennui d'un tête à tête de cette espece. Cet homme est un original, dont le caractere..... Eh, bon jour, mon cher Baron.

SCÈNE V

LISIDOR, ARAMINTE, LE BARON

LE BARON.

Bon jour, ma belle Dame. Pardon, si j'entre sans façons, sans me faire annoncer, mais ce n'est pas ma faute. Vos gens sont si occupés à jouer dans votre antichambre, que, malgré le bruit que j'ai fait, ils n'ont pas daigné m'appercevoir.

ARAMINTE.

Il y a des siècles que vous nous abandonnez.

LE BARON.

D'accord, il y a longtemps que je ne suis venu. Mais, que voulez-vous ? On ne peut pas être par-tout. Je ne dis pas par-tout où l'on s'amuse ; car si on n'alloit que là, on resteroit souvent chez soi.

LISIDOR.

Ce Gentilhomme n'est pas complimenteur.

ARAMINTE.

Vous me paraissez toujours aussi franc qu'à votre ordinaire.

LE BARON.

Je m'en fais honneur. Il y a tant de gens qui mentent, les uns par goût, les autres malheureusement par devoir, que l'on oublieroit enfin l'existence de la vérité, si le cœur de quelque galant-homme ne lui servoit encore d'asyle ! Au reste, ce n'est point vous qui me devez reprocher ma franchise; elle vous a souvent été utile, et va vous l'être encore aujourd'hui. Je viens vous parler d'affaires.

ARAMINTE.

Oh ! je m'y attendois.

LE BARON.

Je n'aime pas les visites inutiles; mais savez-vous que l'objet qui m'occupe rend celle-ci très importante? Peut-on s'expliquer devant Monsieur ?

ARAMINTE.

Il est de mes amis, il est digne d'être des vôtres; sa réputation même vous est déjà connue; c'est Monsieur Lisidor.

LE BARON.

Vous êtes peut-être, Monsieur, le seul homme dont je n'ai jamais entendu dire que du bien.

LISIDOR.

C'est trop me flatter.

LE BARON.

Entrons donc en matiere. Çà, dites-moi, dois-je ajouter foi, ma chere Araminte, au singulier bruit qui se répand de vous dans le monde?

ARAMINTE.

Comment?

LE BARON.

Etes-vous décidée absolument à marier votre fille, sans m'en donner le moindre avis, à un certain Marquis, un extravagant, un fou, sans mérite?

ARAMINTE.

Doucement, Baron.

LISIDOR, à Araminte, à demi-voix.

Vous voyez, Madame, que je ne suis pas le seul...

ARAMINTE.

Oui, je sens que vous triomphez... Vous pourriez être mal informé, Baron.

LE BARON.

Je ne le suis que trop bien. Croyez-moi, les gens de mon état et de mon âge ne se compromettent jamais, et n'avancent rien sans en avoir les preuves,

ARAMINTE.

Quelles que soient les vôtres, je vous conjure...

LE BARON.

Je vous conjure, à mon tour, de croire que ce mariage ne se fera point. Je viens tout exprès ici vous proposer un autre parti pour Lucile.

LISIDOR.

Qu'entends-je ?

ARAMINTE.

Et quel est-il ?

LE BARON.

C'est moi.

ARAMINTE.

Quoi ! vous-même, Baron ?

LE BARON.

Oui, moi-même ; que trouvez-vous donc là de si surprenant ? Je suis las de vivre seul au sein d'une maison, que ma fortune rend honnête, mais où mon âge n'appelle plus les plaisirs ; je m'ennuie de n'être entouré que de valets qui me volent, ou de neveux qui traitent provisionnellement de ma succession avec des usuriers ; et puis, je ne sais, je me sens un certain vuide dans l'ame ; enfin je veux me marier. J'épouserai quelque personne honnête qui m'aimera, qui en aura l'air au moins ; je tâcherai d'en avoir bien vite une couple d'enfants, dont l'éducation sera l'amusement, la consolation de mes vieux jours. En formant leur cœur, je jouirai du mien, cela m'animera, m'occupera, car il faut s'occuper : j'en ai plus besoin qu'un autre, et je ne conçois pas qu'un homme oisif puisse être vertueux.

LISIDOR.

C'est un peu trop vous défier de vos forces, Monsieur; et j'aurois cru qu'une ame aussi bien placée que la vôtre pouvoit regarder la liberté comme le premier bonheur de la vie.

LE BARON.

Elle le seroit, sans doute, pour qui n'en abuseroit pas. Mais le pouvons-nous au milieu des séductions qui nous environnent ? Les plaisirs honnêtes ennuient bientôt un homme qui peut se livrer à tous ; l'esprit s'y habitue, les sens s'émoussent, le cœur se blâse, le goût s'endort ; et ce n'est plus alors que les excès qui le réveillent. Du moins je pense ainsi, et voilà ce qui me détermine.

LISIDOR, *à part.*

Je ne m'attendois pas à ce nouveau concurrent.

ARAMINTE.

Votre proposition me flatte en même temps qu'elle m'étonne ; songez-vous bien, Baron, que Lucile est si jeune ?...

LE BARON.

Vraiment, j'avois d'abord jetté les yeux sur vous. Je vous estime, je vous honore, et même, vu votre âge et d'autres considérations, peut-être nous conviendrions-nous beaucoup mieux : mais vous vivez dans le monde, vous l'aimez, il faudroit y renoncer; et je m'apprécie, je n'en vaux pas le sacrifice. C'est à la main de Lucile que j'aspire ; elle a été élevée en Province ; elle est jeune, assez naïve, il lui en coûtera moins pour se faire à ma façon de penser; car je vous déclare que j'ai dessein de vivre dans mes terres.

ARAMINTE.

Voilà une résolution bien sévere.

LE BARON.

Vous le croyez, vous autres, que le tourbillon du monde entraîne ; vous ne concevez pas le plaisir qu'il y a de vivre loin du tumulte et chez soi. Une maison simple et bien disposée, où l'agréable s'unit sans faste à l'utile, un Ciel serein, un air pur, des alimens salubres, des vêtemens commodes, une société peu nombreuse, mais choisie, des plaisirs vrais que ne suit jamais le repentir, et qui servent à la santé loin de la détruire ; c'est là, c'est du sein de son château qu'un bon Gentilhomme voit se fertiliser sous ses yeux la terre qu'il a souvent aidé à défricher lui-même. Les arbres qu'il a plantés s'élèvent sous sa vue, et sa joie s'accroît avec eux. Entouré de Paysans qui le chérissent en pere, il les anime au travail le moins estimé, mais le plus noble ; il les encourage, il les récompense. Ces gens-là ne le louent pas, mais ils le bénissent; et cela vaut mieux. Il connoît ses prérogatives ; il n'y déroge pas, mais il rougiroit d'en abuser; il sçait qu'il commande à des hommes, et c'est en les rendant heureux qu'il s'assure le droit de l'être lui-même.

ARAMINTE.

Je ne puis m'y refuser, Baron ; il y a bien du vrai

dans ce que vous dites. Quant à ma fille, j'en suis au désespoir, mais les engagemens que j'ai pris sont d'une nature à ne pouvoir se rompre ; et si j'osois manquer aux égards que je dois au Marquis, voici Monsieur, qui depuis longtemps se propose.

LE BARON.

Quoi ! Lisidor aussi prétend à Lucile?

LISIDOR.

Je l'ai vue, c'est une excuse pour l'aimer, un titre pour lui vouloir plaire. S'il m'eût été possible de vous prévenir sur mes sentimens....

LE BARON.

Il me suffit. Vous sçavez ce que je pense de vous, et je ne veux pas qu'il soit dit que j'aie jamais fait obstacle au bonheur d'un galant homme.

ARAMINTE.

Sans doute, vous nous demeurez? On pourra s'amuser, j'ai du monde.

LE BARON.

Raison de plus pour que je vous quitte.

ARAMINTE.

Au moins revenez souper ; j'ai quelques projets à vous communiquer à mon tour.

LE BARON.

J'ai, de ma part aussi, bien des choses à vous dire. Je reviendrai, mais à condition que nous ne serons pas plus de huit à table, et que les valets sortiront dès qu'ils auront servi.

ARAMINTE.

On fera tout ce qui pourra vous plaire.

LE BARON.

En ce cas, à ce soir. (A Lisidor.) Vous m'intéressez, tenez ferme, et s'il en est besoin, je vous promets mon secours. Au revoir, ma charmante Araminte. (Il sort.

ARAMINTE.

Quoique le Baron se plaise à paroître extraordinaire, on ne peut lui refuser un fond de bon sens et de probité.

LISIDOR.

Il seroit à souhaiter que tous les hommes lui ressemblassent.

SCÈNE VI

DAMON, ARAMINTE, LISIDOR

ARAMINTE.

Vous voilà donc, Monsieur Damon? Que font nos Dames?

DAMON.

Elles vont se rendre ici; et si cela peut vous plaire, Madame, je n'attendrai plus que vos ordres et leur présence, pour commencer la lecture de ma Tragédie. Vous m'avez paru la desirer.

ARAMINTE.

Oui, j'en serai charmée : cela vient à miracle, je reste chez moi; et, tenez, voilà Monsieur (en montrant Lisidor) qui pourra vous donner d'excellents avis : c'est un connoisseur.

DAMON.

Je n'en doute pas... cependant, pour des avis, je les écouterai, sans doute... Mais... ma Pièce est finie, Madame, et je crois avoir à peu près tout prévu; ainsi il ne reste plus...

LISIDOR, en souriant.

Que des éloges à en faire.

DAMON.

Je l'espere au moins : le choix du sujet a généralement paru très-heureux; les situations frappantes, les incidens bien ménagés... Pour la versification, c'est un médiocre avantage, j'en conviens : mais encore en est-ce un; et parmi les Auteurs naissants, je n'en apperçois pas qui s'avise de me le disputer.

ARAMINTE.

Pour moi, j'ai la plus haute idée de votre ouvrage. Votre mérite a déjà percé.

DAMON.

Il est vrai, Madame; *j'avois à peine mes dix-neuf ans, que je faisois déjà parler mon cœur.*

ARAMINTE.

Il faudra me faire avertir : quoique j'aie renoncé aux Tragédies, je violerai pour vous mon serment... Nous aurons des loges ?

DAMON.

N'en doutez pas : j'ai toujours compté sur votre bienveillance ; et en vérité, pour nous soutenir dans la carriere des arts, nous avons besoin que les personnes de votre rang daignent semer quelques roses sur les épines dont elle est remplie.

ARAMINTE, à Lisidor.

Comme il parle ! (A Damon.) Vous pouvez compter sur moi ; j'y menerai vingt femmes. Je vous le répete, j'en augure beaucoup. Je juge de votre Tragédie par la jolie chanson que vous m'avez adressée le jour de ma fête... Je veux vous la montrer, Lisidor : vous en serez séduit ; elle est toute ame.

SCÈNE VII

LISETTE, LISIDOR, LUCILE, DAMON, CIDALISE, ARAMINTE, ISMENE, L'ABBÉ

Les portes s'ouvrent ; les deux femmes entrent d'abord, Ismene (*donne le bras*) ou[1] s'appuie sur le bras de l'Abbé. Lisidor va au-devant de Lucile, qui suit avec Lisette[2].

ARAMINTE, allant au devant.

Eh ! venez donc, mes charmantes... Vous savez notre aventure ?

1. *Sic* dans le manuscrit.
2. J'ai, selon mon usage, noté la Pantomime de cette Pièce

CIDALISE.

Lisette nous l'a racontée.

ISMENE.

Cela est incroyable; cette petite Céliante a la fureur de se trouver par-tout.

ARAMINTE.

Il s'agit bien de cela, vraiment! c'est le Baron; il sort d'ici : il est venu tout exprès pour me demander Lucile.

CIDALISE.

La bonne folie! Mais c'étoit sur toi que nous avons toutes cru qu'il avoit des vues.

ARAMINTE.

Je le soupçonnois sans m'en occuper.

ISMENE, à Lucile.

Je vous en fais mon compliment, Mademoiselle; le nombre de vos Amans s'augmente avec vos charmes. On diroit que tous les aspirans se sont donné rendez-vous aujourd'hui. Le Baron vient de sortir, Monsieur Lisidor est ici, et le Marquis ne peut tarder d'y paroître.

ARAMINTE, à Ismene.

Ah! j'espère être bien-tôt délivrée de toutes ces tracasseries. (Les Domestiques préparent des sieges.) Voulons-nous nous asseoir? Monsieur Damon nous doit gratifier d'une lecture.

dont, sans cette précaution, beaucoup d'endroits seroient inintelligibles. (*Note de Poinsinet.*)

ISMENE, à l'Abbé.

Ah, Ciel ! soupçonnez-vous ce que ce peut être ?

L'ABBÉ.

Je m'en doute. Quelque Tragédie de sa façon.

ISMENE, à part.

Je suis déjà morte. (Haut.) Monsieur, nous la lirez-vous toute entière ?

DAMON.

Mais... comme il vous plaira, Mesdames.

ISMENE.

C'est qu'une Tragédie, je crois, est bien longue ; cela pourroit vous fatiguer.

DAMON.

Oh ! point du tout, Mesdames : on oublie aisément ses peines, quand on réussit à vous amuser. Je vais commencer... (On s'assied.)

ARAMINTE, à Ismene.

Vous n'avez donc rien gagné sur notre cher Abbé ?

ISMENE.

Je le vais bouder pour la vie ; il est d'une maussaderie insoutenable.

L'ABBÉ.

Mais... c'est vous, Mesdames, qui êtes de la derniere barbarie. Est-ce jamais après le dîner que l'on chante ? J'ai la poitrine si cruellement fatiguée !... A peine puis-je parler... (Il tousse.) Vous voyez... J'ai passé la moitié de la nuit chez une jeune Duchesse, où l'on m'a fait impitoyablement chanter un acte de l'Opéra et six Romances... Il y a des gens qu'on n'ose refuser.

ARAMINTE.

C'est-à-dire, que vous nous rangez dans la classe de ceux que l'on peut refuser sans crainte.

L'ABBÉ.

Point du tout; mais, au défaut de la harpe, au moins pour chanter, faudroit-il une guitare.

(Lisette sort.)

CIDALISE.

C'est malice toute pure : les gens de son état sont accoutumés qu'on les cajole.

ISMENE.

Ce sont de petits mortels assez heureux.

DAMON.

Le sujet de ma Tragédie...

L'ABBÉ.

Il est vrai que l'on nous accueille. Sans devenir la terreur des maris, nous faisons quelquefois l'amusement des Dames.

ISMENE.

Ce n'est point en ce moment, où votre complaisance...

LISIDOR.

Ne vous fatiguez pas, Mesdames, je connois Monsieur l'Abbé ; il ne chantera point, vous l'en priez trop.

ARAMINTE.

J'entends quelqu'un : seroit-ce déjà le Marquis.

SCÈNE VIII

LISETTE, LISIDOR, LUCILE, DAMON, CIDALISE, LE MÉDECIN, ARAMINTE, ISMENE, L'ABBÉ

LISETTE.

C'est votre Médecin, Madame.

ARAMINTE.

Qu'il entre, j'en suis ravie, qu'il entre. Venez ; je vous sais bon gré de ne pas m'abandonner. Ismene, je vous demande votre confiance pour Monsieur.... Un fauteuil, Lisette... Ce cher Docteur ! c'est qu'il est bien moins mon Médecin que mon ami. C'est par attachement qu'il me traite ; et dans ma derniere migraine, il ne m'a pas quittée d'une minute.

LE MÉDECIN.

Que voulez-vous ? Quoique vous nous fassiez mourir, il faut bien songer à vous faire vivre.... Toutes vos santés, Mesdames, me paroissent assez belles ?

ARAMINTE.

Oh! point du tout.

DAMON, à part.

Me voilà perdu.

L'ABBÉ, à Ismene.

Vous croyez aux Médecins, Madame?

ISMENE.

Comme aux Abbés.

L'ABBÉ.

Toujours méchante?

LE MÉDECIN.

Comment donc! Quelles sont ces indociles maladies que notre sagacité ne peut réduire? Oh! nous en viendrons à bout, Madame... Voyons... Justement... l'estomac délabré... et l'appétit?

ARAMINTE.

Est-ce qu'on mange?

LE MÉDECIN.

Crachez-vous[1]?

ARAMINTE.

Je crois qu'oui.

1. « Na. Sçavoir si cela ne fera pas un mauvais effet. » (Note marginale du manuscrit). Suivait une petite dissertation sur les trois manières de cracher, fort drôle, mais qui est bâtonnée.

LE MÉDECIN.

Tant-mieux. Poursuivons... Nous avons des nuages devant les yeux, des disparates dans la tête?

ARAMINTE.

Précisément.

LE MÉDECIN.

Je l'aurois gagé..... Allons, allons; il faut prendre un parti sérieux: il faut du régime, se mettre à l'eau de poulet. Je vous jure qu'avec des bols de savon nous parviendrons à atténuer ces humeurs errantes.

LISIDOR.

Des bols de savon!

LE MÉDECIN.

Oui, Monsieur, c'est un spécifique divin que, depuis deux ans, je réussis à mettre à la mode. Les anciennes drogues dont nos ancêtres faisoient usage, pouvoient convenir à leurs santés robustes et grossieres; mais aujourd'hui tout doit être soumis aux lois de notre délicatesse et de nos graces. Voudriez-vous, par exemple, que je déchirasse l'estomac d'une jolie malade avec du miel aërien, qui ne purge que par indigestion?

L'ABBÉ.

Oserois-je vous demander, Monsieur, ce que c'est que du miel aërien?

LE MÉDECIN.

C'est de la manne, Monsieur l'Abbé, c'est de la manne. Non-seulement nous avons renoncé aux drogues antiques; mais avons encore changé leurs dénominations vulgaires.

ARAMINTE.

Il est charmant!

DAMON, à part.

Oh! des gens aussi superficiels ne sentiront jamais les beautés mâles de ma Tragédie.

LE MÉDECIN, à Ismene.

Et vous, Madame, pour lier connoissance, n'avez-vous pas quelque confidence à me faire?

ISMENE.

Mais, vraiment, oui.

L'ABBÉ.

Vous allez aussi consulter?

ISMENE.

Sans doute : ne me connoissez-vous pas de la langueur, des tiraillemens?

L'ABBÉ, à part.

Je n'y tiens plus.

(L'Abbé se leve, se promene, ouvre des Livres de Musique, prend une Guitare.)

LE MÉDECIN.

Doucement, s'il vous plait, Madame, doucement. De la pesanteur, dites-vous; des dégoûts.... M'y voici... Quelques éblouissemens.... des impatiences de fibres.... vapeurs que tout cela, vapeurs.... le fluide nerveux que la chaleur électrise.... des nerfs qui se crispent.... une sorte de spasme... Vous portez sur vous des eaux de Cologne, de fleurs d'orange?

ISMÈNE.

Toujours.

LE MÉDECIN.

C'est bon. Il faut conserver cet usage-là. J'irai demain matin vous faire ma cour; je serai bien aise de vous voir un peu assiduement, afin de mieux étudier les causes de votre état.

LISIDOR, à Lucile.

Le ridicule personnage!

CIDALISE.

Plus je l'écoute, plus il m'enchante.

DAMON, en se levant.

Comme les momens s'écoulent! Si vous vouliez permettre, Mesdames...

ARAMINTE.

Ah! de grace, Monsieur Damon, quartier. Laissez-nous jouir du cher Docteur.

DAMON, à part.

J'enrage! où me suis-je fourré?

LE MÉDECIN.

Et vous, belle Cidalise?

CIDOLISE.

Je ne suis guere mieux.

LE MÉDECIN.

Je le crois. C'est contre mon avis que vous avez

fait éventer la veine. Mais voilà comme vous êtes, Mesdames; depuis que votre petit Chirurgien s'est donné le renom d'un joli saigneur, il vous fait tourner la cervelle... Je devrois pour vous punir, vous abandonner à sa lancette inhumaine, vous laisser épuiser jusqu'au blanc : mais vous êtes si intéressante! Voyons ce pouls; il est fréquent, mais égal : l'appétit, je parie, modeste, mais franc; et le sommeil rare, mais doré. Je ne vous conseille pourtant pas de vous tranquilliser sur ce prétendu bien-être : il faut du régime, de l'exercice et de la petite diete... A vous, mon aimable Demoiselle.

LUCILE.

Oh! Monsieur, je me porte très-bien.

LE MÉDECIN.

Je n'en crois pas un mot.

LUCILE.

Mais j'en suis bien sûre, moi.

ARAMINTE.

Eh bien! n'allez-vous pas faire la ridicule, quand Monsieur le Docteur a pour vous des complaisances?

LE MÉDECIN.

Il suffit : ne chagrinons point cette chere enfant; ne contraignons personne. La vivacité de ses yeux cependant me fait soupçonner dans son sang une sorte d'effervescence dont je croirois prudent de prévenir les effets par de petits calmants, par quelque préparation d'aconit ou de ciguë, que nous lui proposerons dans une crème aux pistaches.

LISIDOR.

En vérité, Monsieur, j'ai cru jusqu'à ce moment qu'un habile Médecin ne devoit consacrer ses lumières qu'à soulager, ou du moins, consoler la foible Humanité; mais vos savans discours ne tendent qu'à l'épouvanter. De grace, laissez-nous attendre les maux : nous n'aurons que trop-tôt recours aux remedes.

LE MÉDECIN.

Voilà précisément ce que pense un peuple de Médecins qui ne songent qu'à guérir. Mais moi, Monsieur, mais moi, j'étudie le caractère, la tournure d'esprit de mes malades; je prévois les accidens, et j'aime mieux préparer, et même, dans l'occasion, prolonger une maladie, que de trancher dans le vif, et vous rendre en huit jours une santé grossiere dont on ne jouit dans le monde que pour en abuser.

LISIDOR.

Voilà certainement un étrange politique!

L'ABBÉ, préludant.

La, la, la, la, la.

CIDALISE.

Chut, taisons-nous.

DAMON, lisant.

Tant mieux... Scène premiere.... HIDASPE.

Du centre des déserts de l'inculte Arménie.

CIDALISE, l'interrompant.

Paix donc : l'abbé ne se doute pas qu'on l'écoute.

L'ABBÉ, chante[1].

Seroit-il vrai, jeune Bergere,
Que mes soins n'ont pu vous charmer?
Que d'efforts il faut pour vous plaire!
Il n'en faut pas pour vous aimer.

LE MÉDECIN.

Voilà du délicieux.

ARAMINTE.

Personne ne chante mieux que lui.

LISIDOR.

Sur-tout quand on ne l'en prie pas.

L'ABBÉ.

Comment! est-ce que j'ai chanté?

ISMENE.

Oui, par distraction, ou par contradiction plutôt. Mais on vous le pardonne; la bizarrerie est l'apanage du talent.

L'ABBÉ.

Quand j'osai découvrir ma flamme,
J'attendois un sort plus heureux;
Tout le feu qui brûle mon ame
Ne peut-il qu'animer vos yeux?

1. On peut chanter ce Couplet et les deux qui suivent, sur les Airs : *Pour passer doucement la vie,* ou *Tu croyois en aimant Colette,* etc. etc. (Note de l'édition de 1770.)

Amour, dans ses bras tu reposes;
De son teint tu peins la blancheur.
Je t'ai vu sur son sein de roses;
Je te cherche encor dans son cœur[1].

ISMENE.

L'air est charmant.

LE MÉDECIN.

Expressif.

L'ABBÉ.

Le trouvez-vous? Ce n'est en vérité que l'ouvrage d'une matinée.

ARAMINTE.

Il est de vous?

L'ABBÉ.

Oui, Mesdames.

DAMON.

Les paroles?...

L'ABBÉ.

Eh bien, là, sincèrement, qu'en pensez-vous?

DAMON.

Ma foi, je les trouve assez médiocres.

L'ABBÉ.

Tout le monde, Monsieur, n'est pas de votre avis; et quand je les ai composées.....

1. Cette Chanson est, ainsi que la Romance du *Sorcier*, l'imitation d'un Sonnet du Chevalier *Zappi*. (*Note de Poinsinet.*)

ARAMINTE.

Comment? Elles sont aussi de vous? Mais il est universel, notre cher Abbé.

L'ABBÉ.

Monsieur n'a pas daigné saisir l'union intime, le tour de chant, la phrase musicale..... Je vais recommencer.

LE MÉDECIN, *se levant.*

Je suis pénétré de ne pouvoir vous entendre.

ARAMINTE.

Vous nous demeurez à souper?

LE MÉDECIN.

Est-ce que cela m'est possible? Je cours au Marais : les insomnies y sont fort à la mode : de-là au Fauxbourg Saint-Germain, où règnent les petites fièvres. J'ai vingt santés à consulter. En vérité, quand je songe à toutes mes courses, le sort de mes chevaux me fait pitié. J'ai condamné la vieille Orphise.

ARAMINTE.

Décidément?

LE MÉDECIN.

Oui; cela est fini. Elle s'est entêtée d'un certain Empyrique..... Je vous conterai quelque jour son aventure. Adieu, Mesdames. (*A Araminte.*) Du régime, je vous en prie. (*A Ismene.*) Je serai demain à vos pieds. (*A Cidalise.*) De grace, congédiez-moi votre petit Chirurgien. (*A Lucile.*) Bon jour, ma belle poulette. (*Aux hommes.*) Messieurs, je vous salue. (*Il sort.*)

SCÈNE IX

LISIDOR, LUCILE, DAMON, CIDALISE, ARAMINTE, ISMENE, L'ABBÉ

DAMON.

Je puis espérer qu'à présent....

ARAMINTE.

Oui, cela est trop juste. Commencez, Monsieur Damon.

L'ABBÉ, à part.

On ne s'occupe plus de nous, sortons. (Haut.) Mesdames, vous m'excuserez.

ISMENE.

Comment?

L'ABBÉ.

Je n'ai pas l'honneur de me connoître en Tragédies. D'ailleurs, mon suffrage importe peu à Monsieur : nos goûts diffèrent, les paroles que j'ai chantées lui ont déplu.

ARAMINTE.

Liberté toute entiere, mon cher Abbé; mais si vous vouliez être tout-à-fait charmant, vous auriez la complaisance d'accompagner ma fille à son clavecin; je ne la crois pas curieuse des grands Poëmes. Le Baron, qui ne peut tarder à revenir, seroit charmé de vous entendre, et Lucile apprendroit de vous quelque jolie Romance.

(L'Abbé salue Araminte, baise la main d'Ismene, et présente la sienne à Lucile, après avoir dit :)

L'ABBÉ.

Il suffit que cela vous plaise, Madame : il n'est rien que je ne vous sacrifie. Je vous suis, Mademoiselle.

LISIDOR, à Lucile.

Que ne puis-je vous accompagner! (Lucile sort avec l'Abbé ; Lisette les suit.)

SCÈNE X

LISIDOR, DAMON, CIDALISE, ARAMINTE, ISMENE, ensuite LISETTE

ISMENE.

Eh bien! ai-je tort de protéger l'Abbé? Est-il rempli de complaisance?

ARAMINTE.

J'aimerois bien qu'il en manquât chez moi! Ah! çà, rien ne nous occupe. A vous, Monsieur Damon.

DAMON, prenant la main de Lisidor qui est distrait.

Suivez-moi, Monsieur, s'il vous plaît; le titre de ma Tragédie est CYRUS, fils de Cambise. Vous savez, Mesdames, que le Tyran Astyage...

ISMENE.

Mais, puisque Monsieur veut nous lire, ma toute bonne, si nous demandions des cartes?

DAMON.

Comment?

ARAMINTE.

N'est-ce pas à vous à commander chez moi? Lisette, allons vite, une table. (Lisette arrive, et fait apporter une table.)

ISMENE.

Lisidor, je crois, n'est pas joueur; il écoutera mieux, et nous ferons un Tri[1], nous autres, pendant que Monsieur Damon lira sa Tragédie.

DAMON, à part.

Ah, Ciel! je n'en puis revenir. (On dispose la table.)

CIDALISE.

C'est on ne peut mieux imaginé. Tu sais, ma chère, que je ne puis vivre un moment dans l'inaction.

LISETTE.

Voilà tout préparé.

DAMON.

Quoi! Mesdames, est-ce bien sérieusement?

ISMENE.

Oui... Vous allez voir... Cela ne dérange rien; au

1. C'est le jeu de l'Hombre à trois, et à neuf cartes par joueur.

contraire. Tirons d'abord les places. Bon. Araminte, Cidalise et moi... Vous, allez vous mettre ici... (Elle dispose une chaise, qu'elle place au coin de la table, qui doit être au côté gauche du Theatre.) Oui, là. Vous nous tournerez le dos, afin d'être moins distrait.

LISIDOR, à part.

Voilà des Auditeurs bien attentifs!

DAMON, à part.

Non, je ne sais où j'en suis. Pauvres talens, comme on vous humilie! Oh! qu'il est cruel d'avoir besoin de certaines gens! N'importe... (Il remet son cahier dans sa poche.) Adieu, Mesdames, c'est moi qui craindrois de vous distraire de vos grandes occupations... J'en aurois du regret... Et... je suis votre serviteur.

(Il sort.)

SCÈNE XI

LISIDOR, ISMENE, ARAMINTE, CIDALISE, jouant.

CIDALISE.

Je crois tout de bon qu'il s'en va.

ARAMINTE.

J'en suis extasiée. Mais que dites-vous donc de ce petit Auteur?

ISMENE.

Qu'il est impertinent. Ne faut-il pas tout quitter pour écouter la Tragédie de Monsieur?

CIDALISE.

Je la crois détestable.

ARAMINTE.

Cela ressemble à tout, on n'a pas le sens commun.

LISIDOR.

Le trouvez-vous bien récompensé des soins qu'il prend pour vous plaire, et de la jolie chanson qu'il vous a jadis adressée?

ARAMINTE.

Comment! vous approuvez sa conduite?

LISIDOR.

Oh! point du tout, Madame; je suis chez vous, je pense qu'il a tort.

ARAMINTE.

Allons, venez me conseiller..... Le cœur n'est-il pas la surfavorite?

SCÈNE XII

ISMENE, ARAMINTE, CIDALISE, jouant;
LISIDOR, tantôt derriere le fauteuil d'Araminte, tantôt se promenant;
LE MARQUIS, qui se place à la droite d'Ismene...
La table est à la gauche du Théatre.

LE MARQUIS, dans la coulisse.

Oui, oui, j'arrangerai tout cela. Je verrai, j'irai, je parlerai.

CIDALISE.

C'est le Marquis.

ISMENE.

C'est lui-même.

LISIDOR.

Je vais donc voir ce dangereux rival. (Le Marquis entre.)

CIDALISE.

L'étourdi ! Pourquoi venir si tard ? Voilà notre partie arrangée. Nous aurions fait un Réversis.

LE MARQUIS.

Ma foi, Mesdames, on arrive quand on peut. Il est pourtant réel que, pour tarder moins, je n'ai pas dormi quatre heures. Aussi, suis-je anéanti... (A Lisidor.) Monsieur, je vous salue. Mais vous êtes bien seules, Mesdames. Oh ! voilà qui est décidé : je termine dès demain ma satyre contre les bals. En honneur, c'est un attentat contre la vie des Citoyens.

ARAMINTE.

Pourquoi les suivre tous ? Pourquoi déranger sa santé ?

LE MARQUIS.

Comment voulez-vous qu'on fasse ? Faut-il se résoudre à passer pour un Anachorette, un ridicule, un sage ? Vraiment, la santé se délabre : il y a près de dix ans que je ne puis accoutumer la mienne à se soumettre à mes fantaisies. Mais, après tout, si on avoit une santé, pourroit-on soutenir une campagne, vivre à la Cour, s'amuser à Paris ?

ISMENE.

Il a raison... Allons, voyons pourtant : ce sera en pique, le Roi de trefle.

LE MARQUIS.

A propos, dites-moi donc ; je viens de rencontrer le bel esprit Damon : il m'a paru d'une humeur sanglante. J'ai d'honneur cru que c'étoit à moi qu'il en vouloit.

CIDALISE.

Il venoit nous lire toute une Tragédie... La préférence.

LE MARQUIS.

Ah ! Ciel !

ARAMINTE.

Je te la cede. J'avois pourtant un assez joli médiateur de ce côté.

LISIDOR.

Il étoit sûr.

ISMENE.

De grace, point de conseils. (Pendant ce tems le Marquis regarde le jeu d'Ismene, et lui présente du tabac.)

ARAMINTE.

Ne crains rien ; je suis d'un guignon décidé... Le Roi de carreau..... Pour revenir au petit Damon, il s'est avisé de prendre de l'humeur, je ne me souviens plus sur quoi ; et tout en grondant, il nous a débarrassées de sa personne et de son ouvrage.

LE MARQUIS.

Ah ! je respire. Le dénouement n'est pas malheureux. « Mais ne vous exposés donc plus à ces sortes d'événemens[1]. » Est-ce qu'on fait de ces especes-là sa société ? Il est des Gens de Lettres d'un vrai mérite avec qui l'on se fait honneur d'être lié; mais pour ceux-ci, on les reçoit quelquefois le matin, pour leur commander une chanson, ou bavarder pendant que l'on s'habille. Ou, le soir, oui le soir, on en rassemble une couple : on les excite, on les irrite l'un contre l'autre; alors ils s'attaquent, ils s'accablent d'épigrammes, s'injurient, se déchirent; cela est plaisant, divin. Tenez, cela ressemble assez aux combats de coqs que l'on donne à Londres ou sur nos navires. C'est un cadeau dont je veux vous régaler. Il est vrai qu'il en résulte le petit désagrément de les saluer le lendemain en Public ; mais on a ri, et cela console.

ARAMINTE.

Il est affreux de ne pouvoir jouer une seule fois.

LISIDOR.

Madame, à la vérité, n'est pas heureuse.

LE MARQUIS.

Aussi vous ne risquez jamais rien. Il faut savoir brusquer la fortune, mais vous me ressemblez : vous êtes trop prudente. Ce matin, cependant, j'ai pensé avoir ce qui s'appelle une affaire.

1. La phrase entre guillemets manque à l'édition de 1764.

ARAMINTE.

Toujours des aventures. Et quelle est celle-ci ?... Je passe.

LE MARQUIS.

Vous connoissez mon cocher, sa témérité, sa fierté, son bouquet, ses moustaches : c'est un coquin... je l'aime à la folie. Je veux pourtant le gronder. Ce maraud-là me fera quelque jour une scene. Il s'est avisé de couper un triste berlingot, dans le fond duquel s'enterroit je ne sais quel personnage. Mon homme s'est fâché, a baissé la glace, a prétendu que je devois connaître sa livrée, ses armes. Ma foi, moi, je ne connois guères que celles du Roi et les miennes. Je descends de ma voiture, il m'imite; on s'échauffe, les valets se battent, le peuple accourt, et mon hibou tout essoufflé, tout murmurant, est remonté dans sa cage, en m'annonçant qu'il s'alloit plaindre.

LISIDOR.

Mais cette affaire, Monsieur, pourroit devenir sérieuse : il seroit de la prudence de prévenir....

LE MARQUIS.

Oh! parbleu! qu'il se plaigne. Vous verrez qu'on ne pourra plus courir Paris sans avoir le blason dans sa poche.

LISIDOR, à part.

Je sais à présent à quoi m'en tenir sur le compte de mon Rival.

LE MARQUIS.

Que vois-je? ce cher métier est encore monté? ce fauteuil n'est point fini? Mais à quoi tuez-vous donc le temps? Oh! cela prouve bien qu'il y a long temps que je ne vous ai donné de bons exemples, que je n'ai mis la main à l'ouvrage.

ISMENE.

Oh! oui; il vous sied bien de parler d'ouvrage! vous êtes cause que ma petite robe n'est point montée. Vous vous donnez des airs de m'emporter un rang de falbala, sous prétexte d'y travailler.

LE MARQUIS.

Aussi fais-je; mais peu vous importe, pourvu que vous grondiez, que vous fassiez aux gens une petite moue, que vous savez bien qui vous rend plus charmante encore... Tenez, vous ne ménagez point vos amis; c'est votre défaut, Ismene; eh bien! je vous jure que je n'ai que votre falbala dans la tête, que je m'en occupe sérieusement.

LISIDOR, à part.

La belle occupation!

LE MARQUIS.

Hercule filait pour Omphale. Vous surpassez la maitresse en beauté; je ne me pique pas d'avoir toute la célébrité de l'amant; mais au moins suis-je jaloux de l'égaler en complaisance comme en courage. Si je vous prouvois que je n'ai cessé ce matin de travailler à votre ouvrage, en raisonnant avec mon Avocat; que je le porte toujours sur moi....

ISMENE.

Bonne plaisanterie!... Donnez-moi Spadille[1].

1. L'as de pique.

LE MARQUIS.

Parbleu ! votre petite incrédulité mérite d'être confondue. Tenez, tenez. (Il tire différentes choses de sa poche, enfin un sac à ouvrage.) Non, ce n'est pas cela : ce sont les jarretieres de Lise, les nœuds de Chloé.... Ah ! bon : voici votre affaire.

ISMENE.

Que vois-je ? avec le sac ! il est charmant. (Aux femmes. Vous permettez ? Comment ! un étui, des ciseaux, des aiguilles !

LE MARQUIS.

Oh ! rien ne me manque.

CIDALISE, jettant son jeu.

Cela est rebutant. En vérité, Monsieur le Marquis, vous êtes très aimable ; mais vous pourriez attendre la fin de la partie ; on ne peut s'occuper de son jeu et vous écouter.

LE MARQUIS.

Bon, de l'humeur ! Allons, la paix, on se taira. Je vais, pendant que vous finirez, m'amuser à cette tapisserie. Mais, diable ! dussiez-vous m'en vouloir encore, j'oubliois précisément ce que je suis venu tout exprès pour vous dire. (Il enfile une aiguille.) C'est une chose assez particuliere.

ARAMINTE.

Comment donc ?... C'est à vous à parler, Cidalise.

LE MARQUIS.

Vous connaissez bien le Comte d'Orvigni ?

CIDALISE.

Oui vraiment... Nous en sommes aux tours doubles.

LISIDOR.

Quoi! cet ancien Militaire, cet homme respectable?

LE MARQUIS.

Justement..... Eh bien! il est mort.

ISMENE.

Cela est incroyable.., Je demande...

LE MARQUIS.

Il s'est avisé d'expirer subitement hier au soir.

ARAMINTE.

Vous me désolez... Voilà mon Roi, deux fiches.

LE MARQUIS.

Cela dérange beaucoup le souper qu'il devoit nous donner.

LISIDOR.

Il étoit votre intime ami, Madame.

ARAMINTE.

Vraiment oui: vous m'en voyez pénétrée... C'est à vous à parler, Cidalise.

LE MARQUIS.

Il n'a pas eu le temps de mettre le moindre ordre dans ses affaires.

ARAMINTE.

Je le jouerai sans prendre... Cela est cruel, Marquis... Le coup est assez beau... Sa pauvre Veuve... C'est en cœur, Mesdames.

ISMENE.

En favorite : nous voilà ruinées... Mais que ne fait-elle des démarches ?

ARAMINTE.

Sans doute... Spadille... Mon cher Marquis... Manille [1]... Il m'a rendu de très grands services... Valet, Dame, et Roi de cœur.

LE MARQUIS.

Nous lui avons conseillé de prendre un parti dans cette affaire.

ISMENE.

C'est tout simple... Doucement, j'ai baste [2] et encore une main.

ARAMINTE.

Il laisse de petits enfans.... J'aurois gagé pour la volte... Marquis, vous m'avez serré le cœur... Il me revient encore deux fiches.

1. La seconde triomphe, qui est la dernière carte de l'ordre naturel dans la couleur où l'on joue.

2. L'as de trèfle.

SCÈNE XIII

ISMENE, ARAMINTE, CIDALISE, LISIDOR,
LE MARQUIS, LISETTE

LISETTE, accourant.

Ah ! Madame ! votre Serin vient de s'échapper.

ARAMINTE.

Mon Serin privé ? Juste Ciel ! Eh vîte, suivez-moi, Lisette. (Elle sort avec Lisette.)

ISMENE.

Comment ! elle nous quitte !... Mais cela est unique ! En vérité, ma bonne, notre chère Araminte est d'un ridicule rare, avec sa passion pour les animaux.

LISIDOR.

On ne peut douter que cet Oiseau ne lui soit cher, puisqu'elle lui sacrifie les suites d'une partie dont la mort d'un de ses amis n'a pu la distraire.

LE MARQUIS.

Oh ! vous ne la connaissez pas. Si vous l'aviez vue, comme moi, à table, entourée de Chats, de Chiens, de Singes, de Catacouas, elle les baise, les fait impitoyablement baiser à la ronde, partage avec eux son assiette... C'est un charme. Mais aussi est-ce un petit plaisir dont elle ne régale que ses plus intimes amis.

LISIDOR.

Il est heureux pour vous, Monsieur, d'être de ce nombre. (A part.) J'en ai bien assez vu. Quittons ce cercle d'étourdis, et ne songeons qu'à ménager la bonne volonté du baron, et le cœur de Lucile. (Il fait une révérence qu'on lui rend, et sort.)

CIDALISE.

Ce petit Robin ne te semble-t-il pas un ennuyeux personnage ?

ISMENE.

Passablement.

LE MARQUIS se leve et va à la table.

On m'a dit qu'il se donnoit les airs d'être mon rival : par exemple, voilà de ces choses auxquelles je ne saurois m'accoutumer.

ISMENE.

Prétends-tu t'enterrer ici jusqu'au souper ? Si nous faisions un tour de Boulevard ?

CIDALISE.

Cela n'est gueres décent que la nuit ; on court les Parades, les Spectacles.

LE MARQUIS ayant pris la place d'Araminte.

Oui, les Fantoccini... Oh ! ils sont divins, étonnans ; moi, en honneur, c'est le seul spectacle qui m'amuse.

ISMENE.

Ah ! çà, nous voilà seuls. De bonne-foi, Marquis, comment conduisez-vous la grande Comtesse ?

LE MARQUIS.

Quoi! vous n'êtes point au fait!... Je l'ai quittée.

CIDALISE.

Sérieusement?

LE MARQUIS.

Pouvois-je y tenir? C'est la plus exigeante de toutes les prudes : il faudroit toujours être là, ne la pas quitter d'une minute. Ah! parbleu! je me suis ménagé avec elle la rupture la plus signalée. Vous n'imagineriez jamais quelle était sa folie... le mariage.

CIDALISE.

Vous badinez!

LE MARQUIS.

Non; Madame a la manie d'être épousée.

ISMENE.

Mais elle est femme de qualité, d'un âge très-convenable; et il faut que vous aimiez bien éperduement votre petite Bourgeoise de Lucile, pour la préférer.

LE MARQUIS.

Moi de l'amour, des passions! Ah! parbleu! vous ne me connoissez guere. Prenez garde que Lucile est toute charmante, un vrai bijou; oui, c'est précisément ce qu'il me faut : point d'esprit, peu de figure; cela ne marquera point trop dans le monde, et ses soixante mille livres de rente... Ah! ma chere Ismene, quelle petite maison brillante! que de chevaux, de chiens, de valets ! laissez, laissez faire. Oh ! je sais bien ce qu'il me faut.

CIDALISE.

Vous n'y pensez pas vous-même, si c'est l'intérêt qui vous conduit.

LE MARQUIS.

Non pas absolument... vous imaginez bien que je ne calcule guere, moi : mais en vérité, la vie que je mene m'accable; la multiplicité des aventures m'excede. Savez-vous, Mesdames, qu'il faudroit être de fer pour résister aux fatigues de vous faire sa cour? Toujours des assiduités, des soins, des rendez-vous; c'est à ne pas finir. Du moins, quand on est marié, on se tranquillise, on demeure chez soi, on y reçoit ses amis dans sa robe de chambre, on s'y fait soigner par sa femme.

CIDALISE.

C'est une raison de plus pour retourner à la Comtesse; elle est d'un âge convenable, et, sans vous mésallier, vous jouiriez alors d'une fortune qui surpasse de beaucoup celle de Lucile.

LE MARQUIS.

Vous plaisantez : oh ! je ne me suis brouillé qu'après avoir pris là-dessus les informations les plus exactes.

ISMENE.

C'est vous-même, qui, je crois, êtes le seul dans Paris à ignorer que, depuis votre rupture, elle est devenue l'unique héritiere de son oncle le Commandeur.

CIDALISE.

Et qu'elle joint à présent, à la réputation de jolie femme, celle de femme très-opulente : aussi le petit Chevalier lui fait-il assiduement sa cour.

LE MARQUIS.

Écoutez donc, Mesdames, un moment : ceci mérite toute mon attention. Le petit Chevalier me voudroit ravir la Comtesse! Oh! nous allons voir. Ce que vous m'apprenez change beaucoup mes vues, et tout bonnement, je serois tenté de rendre Lucile à son Robin. Moi, j'aime à faire des heureux.

ISMENE.

Cela seroit peut-être aussi généreux que sage.

LE MARQUIS.

La Comtesse me sacrifie à l'instant qu'elle hérite! Oh, parbleu! je lui apprendrai à mieux choisir ses moments. Allons, allons, j'y vais mettre ordre, et vous prouver que je sais soutenir mes droits. Comme vous dites, la Comtesse est jolie femme; elle mérite toutes sortes d'égards. Allons, il est de bonne heure, mon équipage m'attend, je vole chez elle. Tâchez d'arranger tout cela avec Araminte. Elle est minutieuse, elle boudera : ces Bourgeoises se formalisent de la plus petite chose! voyez, calmez-la. Lisidor est un galant homme : je ne serai même pas fâché qu'il m'ait quelque obligation. Pardon, mille fois pardon, si je vous quitte : j'en suis honteux, désespéré; mais vous n'ignorez pas que je suis le premier à plaindre, puisque je vous laisse en partant, et tous mes regrets, et mon cœur.

CIDALISE.

En effet, on appelle cela savoir prendre son parti.

SCÈNE XIV

ARAMINTE, CIDALISE, ISMENE, LE BARON LISETTE ET LISIDOR arrivent un instant après.

ARAMINTE.

J'ai retrouvé mon serin; je vous ai quittées bien brusquement, j'en conviens; mais vous connoissez ma sensibilité.

ISMENE.

Aussi ne songeons-nous qu'à te féliciter.

ARAMINTE.

Bon! les malheurs se succedent : Lisidor et le Baron me suivent. Je suis persécutée de tous côtés.... Mais où est donc le Marquis?

ISMENE.

Tu ne le croirais pas? Il est allé reprendre les fers de sa belle Comtesse, qui vient d'hériter.

ARAMINTE.

Comment?

CIDALISE.

Nous t'expliquerons cela plus en détail : mais dans

ce moment-ci, ce que tu as de mieux à faire est de pourvoir ta fille, et de ne plus penser au plus étourdi et au plus inconséquent de tous les hommes.

SCÈNE XV

LE BARON, LISIDOR, ARAMINTE, CIDALISE, ISMENE

LE BARON.

Oh çà, ma chere Araminte, voici le moment décisif. Je viens vous demander Lucile pour Monsieur Lisidor. Elle l'aime, il le mérite; et je vous déclare que je me brouille à jamais...

ARAMINTE.

Vous arrivez très-à-propos, Monsieur; j'avois à vous dire qu'il ne tient plus qu'à vous d'être mon gendre.

LISIDOR.

Qu'entends-je? Quel bonheur!

LE BARON.

Et votre Marquis?...

ARAMINTE.

De grace, mon cher Baron, ne m'obligez point à rougir à vos yeux de ma ridicule prévention en sa faveur. Il m'a rendu service, en m'apprenant ce que je dois penser de tous les gens de son espece. Soyez heureux, Lisidor. Vous, mes bonnes amies, obligez-moi de ne parler jamais de cette aventure. Vous, Baron, après le souper, je vous demande un moment de conversation. Vous verrez que mes vues peuvent sympathiser avec les vôtres, et que, tout aveuglé que vous croyez mon cœur par le tourbillon du monde, il peut encore être éclairé par les conseils d'un homme estimable.

LE BARON.

Je n'en doutai jamais, ma chere Araminte; je crois vous deviner, et j'en suis enchanté! Oui; j'ai aussi mes idées. Assurons le bonheur de votre fille, songeons au nôtre, et terminons, par un arrangement solide et raisonnable, tous ces petits événemens, qui sont le vrai tableau d'une Soirée à la mode.

FIN

VAUDEVILLE.

SE-rait-il vrai, jeu- ne ber- ger- re,
Que mes soins n'ont pû vous charmer ? Que d'ef- forts il faut pour vous
plai- re ! Il n'en faut pas
pour vous ai- mer, Il n'en
faut pas pour vous ai- mer.

Seroit-il vrai, jeune Bergere,
Que mes soins n'ont pu vous charmer?
Que d'efforts il faut pour vous plaire!
Il n'en faut pas pour vous aimer.

Quand j'osai découvrir ma flame,
J'attendois un sort plus heureux.
Tout le feu qui brûle mon ame
Ne peut-il qu'animer vos yeux? bis.

Amour, dans ses bras tu reposes;
De son teint tu peins la blancheur.
Je t'ai vu sur son sein de roses;
Je te cherche encor dans son cœur. bis.

J'ai lu, par ordre de Monseigneur le Vice Chancelier, *le Cercle* ou *la Soirée à la mode*, *Comédie*, et je crois que cette Piece, pleine d'esprit et de gaieté, plaira autant à la lecture qu'elle a réussi au Théatre. A Paris, ce 20 Septembre 1764. MARIN [1].

1. C'est le fameux censeur, le *maringouin* du *Barbier de Séville*.

LIBRAIRIE PAUL OLLENDORFF

28 *bis*, rue de Richelieu, PARIS.

LES MILLE ET UNE NUITS DU THÉATRE, par AUGUSTE VITU (4 séries sont en vente), chaque série, formant un volume grand in-18, est vendue séparément . . . . 3 fr. 50

LES FILS DE JAHEL, drame en cinq actes en vers dont un prologue, par SIMONE ARNAUD (*Odéon*) in-18. . . . . 3 fr. 50

« ALLO ! ALLO ! » comédie en un acte, par PIERRE VALDAGNE (*Vaudeville*), in-18. — Prix. . . . . 2 fr. »

LA MAISON DES DEUX BARBEAUX, comédie en trois actes, par A. THEURIET et H. LYON (*Odéon*), in-18. 2 fr. »

LE MARIAGE A LA COURSE, saynète en un acte, par PIERRE DECOURCELLE in-18 . . . . 1 fr »

MON FILS, pièce en trois actes, en vers, par EMILE GUIARD (*Odéon*), in-8°. — Prix . . . . 3 fr. 50

TROP VERTS! proverbe en un acte, en vers, par MARCEL BALLOT, in-18. — Prix. . . . . 1 fr. 50

PROTESTATION! a-propos en vers, par EMILE MOREAU, représenté à la Comédie-Française le samedi 15 janvier 1887, à l'occasion du 265e anniversaire de la naissance de Molière, in-18 . 1 fr. »

MOLIERE CHEZ CONTI, comédie en un acte, en vers, par ALFRED COPIN ; 265e anniversaire de la naissance de Molière (*Odéon*), in-18. . . . . 1 fr. 50

DANS UNE LOGE, comédie en un acte, par LUDOVIC DENIS DE LAGARDE (*Déjazet*), in-18. . . . . 1 fr. 50

LE PÈRE DE MARTIAL, comédie en quatre actes, par ALBERT DELPIT (*Gymnase*), in-18 . . . . 2 fr. »

LE FILS DE CORALIE, comédie en quatre actes, en prose, par ALBERT DELPIT (*Gymnase*), in-18. . . . . . . 2 fr. »

LES FEMMES COLLANTES, comédie-bouffe en cinq actes, par LÉON GANDILLOT (*Déjazet*), in-18. . . . 1 fr. 50

PRÊTE-MOI TA FEMME, comédie en deux actes, en prose, par MAURICE DESVALLIÈRES (*Palais-Royal*), in-18. — Prix . . . . 1 fr. 50

LE PRÉTEXTE, comédie en un acte, en prose, par JULES LEGOUX (*Vaudeville*), in-18 . . . . 1 fr. 50

SERGE PANINE, pièce en cinq actes, par GEORGES OHNET (*Gymnase*), in-18. — Prix. . . . . 2 fr. »

LE MAITRE DE FORGES, pièce en quatre actes et cinq tableaux, par GEORGES OHNET (*Gymnase*), in-18 . . . 2 fr. »

SMILIS, drame en quatre actes, en prose, par JEAN AICARD (*Comédie-Française*), in-18 . . . . 2 fr. »

UN CRANE SOUS UNE TEMPÊTE, saynète, par ABRAHAM DREYFUS (*Gaîté*), in-18. . . . . 1 fr. »

L'ASSASSIN, comédie en un acte, par EDM. ABOUT (*Gymnase*), in-18. 1 fr. 50

UNE MATINÉE DE CONTRAT, comédie en un acte, par MAURICE DESVALLIÈRES (*Comédie-Française*) . . . . . 1 fr. 50

L'HÉRITIÈRE, comédie en un acte, en prose, par E. MORAND (*Comédie-Française*), in-18 . . . . 1 fr. 50

L'AFFAIRE CERISIER, comédie en un acte, par LÉON MULLER (*Cluny*), in-18 . . . . 1 fr. 50

UN FÉTICHE, comédie en un acte, par EUGÈNE HUGOT (*Palais-Royal*), in-18 — Prix . . . . 1 fr. 50

LES DEUX PIGEONS, ballet en trois actes, d'après la fable de La Fontaine, par HENRI REGNIER et LOUIS MÉRANTE, musique de ANDRÉ MESSAGER (*Opéra*), in-18. . . . . 1 fr. 50

ENTRE AMIS, comédie en un acte, par LUDOVIC DENIS DE LAGARDE (*Gymnase*) in-18. . . . . 2 fr. »

BIGOUDIS, comédie en un acte d'ERNEST D'HERVILLY (*Gymnase*), in-18. 1 fr. 50

LA BONNE AVENTURE, opéra-bouffe en trois actes, par ÉMILE DE NAJAC et HENRI BOCAGE, musique d'ÉMILE JONAS (*Renaissance*), in-18. . . . . . . 2 fr. »

LES CONVICTIONS DE PAPA, comédie en un acte, par E. GONDINET (*Palais-Royal* et *Gymnase*), in-18. . . 1 fr. 50

DIVORÇONS-NOUS? comédie en un acte, par E. GRENET-DANCOURT (*Cluny*), in-18. . . . . 1 fr. »

DIVORCÉS! comédie en un acte et en vers, par L. CRESSONNOIS et CH. SAMSON in-18 . . . . 1 fr. »

POUR DIVORCER, comédie en un acte, par VICTOR DUBRON, in-18. . 1 fr. 50

PAR LA FENÊTRE, pièce en un acte, par GEORGES FEYDEAU, in-18. . 1 fr. 50

LA CICATRICE, comédie en un acte, par PHILIPPE DE MASSA, in-18. . 1 fr. 50

AU MONT-IDA, comédie en un acte, par PHILIPPE DE MASSA, in-18. . 1 fr. 50

GIBIER DE POTENCE, comédie-bouffe en un acte, par GEORGES FEYDEAU (*Concert-Parisien*), in-18 . . . 1 fr. 50

LA GIFLE, comédie en un acte, par ABRAHAM DREYFUS (*Palais-Royal*), in-18. . . . . 1 fr. 50

HAMLET, drame en vers, en cinq actes et onze tableaux, d'après WILLIAM SHAKESPEARE, par MM. LUCIEN CRESSONNOIS et CH. SAMSON (*Porte-Saint-Martin*), in-18 . . . . 2 fr. »

THÉATRE DE JEUNES FILLES, par A. CARCASSONNE, 1 vol. gr. in-18. 3 fr. 50

Paris. — Typ. Georges Chamerot, 19, rue des Saints-Pères. — 20403

www.ingramcontent.com/pod-product-compliance
Ingram Content Group UK Ltd.
Pitfield, Milton Keynes, MK11 3LW, UK
UKHW021819190726
13853UKWH00003B/1071

9 782329 56801(